JN410318

바람의 얼굴

예병태 시집

바람의 얼굴

만인사

자서

두 번째 시집을 엮는다. 시조 사랑에 대한 작은 결실이다. 그동안 삶에 적이 부대끼느라 전력투구하지 못한 점을 자성하는 의미도 『바람의 얼굴』에는 담겨 있다.

쓸수록 어렵고 쓸수록 묘한 매력을 가진 것이 시조다. 그 맛을 웬만큼 체득하였기에 이제야 말로 제대로 된 작품을 쓸 수 있겠다는 자신감이 생긴다.

내게 남은 시간은 그리 많지도 부족하지도 않다는 생각이다. 마음 다잡아 길이 남을 한 편의 작품, 한 줄의 시를 위해 기꺼이 몸을 던질 것이다. 소산의 결과는 그 다음의 일이다.

시조를 위해 열정을 죄다 불태우리라 생각하니 무한정 설렌다. 끊임없이 밀려오는 시간의 파도를 옹골차게 헤치고 나아가리라. 그리하여 끝내 예술혼의 절정, 이상향과 맞닥뜨리리라.

차 례

2

차 례

4

차 례

5

1

달팽이

빠르게 뛰어야만
살아갈 운명이면

조그만 집 속에
위리안치가 될망정

천천히
작은 잎이라도
벌판처럼 살겠다

바람의 얼굴

어느 때나 불쑥불쑥 찾아오는 이방인
부드럽게 다가와서 힘껏 밀치기도 했지
이따금 살을 에는 듯한 아픔마저 주었지

불현듯 내 등 뒤를 쫓아다니는 미행자
해미 속의 갑판, 벼랑 끝 바위까지
너 몰래 더 이상 숨을 곳 찾을 수 없었지

그러나 너는 머물지 않는 방랑자
무람없는 몸짓조차 구순하고 편해질 때
소맷귀 잡을 새 없이 표표히 사라졌지

結紐

끌탕으로 점철된 여정의 지층
높이만 쌓아올려 미진에도 흔들리고
아무리 비끄러매도 엇나가고 깨진다

마음결 넓게 잡아 헤식은 층 다지고
낮지만 튼튼한 나만의 자리매김
무녀리 올무를 벗고자 뻐지게 다짐한다

나무의 꿈
— 문살

다음 생애 태어나면 꽃이 되고 싶다던
나무의 간절한 소망 부처를 움직였나
법당의 소슬문살에 꽃이 되어 해탈했다

토막 나고 켜지고 쪼개진 생의 편린을
수직으로 수평으로 빗살로 엮은 평생
수없이 교차하면서 촘촘한 인연 쌓았다

만남의 순간순간 하나라도 놓칠세라
목란으로 연꽃으로 일일이 새겨넣고
정성껏 채색을 하여 생명 불어 넣었다

세련된 면의 분할 눈맛까지 후련한데
바람처럼 스친 인연 구멍으로 새 나갈까
창호지 살에 붙였더니 타다다 목탁친다

때로는

때로는 몽우리였으면, 조붓한 바위틈의
꿈꾸었던 세상을 촘촘히 채워 넣어
살며시 꽃숭어리를 소담스레 피우는

한번쯤 미물이라면, 찌든 허물을 벗는
야린 피부를 가다듬고 구겨진 근육 펴서
드넓은 세상을 향해 새롭게 날갯짓하는

때때로 나무였으면, 교목은 아니어도
맑은 공기 깨끗한 물 이드거니 머금고
제자리 지켜 가면서 나이테를 새겨가는

벚꽃 가로수

꽃이파리로 피어나는 잊혀졌던 기억들
한 잎이라도 떨어질까 노심초사하다가
빛바랜 유년 속으로 사진 따라 걷는다

산벚꽃 흐드러진 뒷산을 등에 업고
삽짝 열고 하나 둘 사랑방에 모인 동무
이야기 물살을 타고 까만 밤을 저어갔다

올해에도 길을 따라 지천으로 피었는데
떨어지는 꽃잎만큼 해밀 같은 웃음들
그 동무 서로 그리며 이리 오고 있을까

길가의 민들레

등뼈를 가졌다면 아마 수없이 바스러져
강말라 죽었을 거다 눈길조차 못 받고
아무리 밟고 밟아도 눈비음은 안 했다

검질긴 명줄이다 지친 몸을 다시 추슬러
길게 뽑은 꽃대에는 회생의 저 하얀 웃음
끝끝내 생명의 묵시록 전파하는 저 사명

수석의 꿈

분무기로 세수한다고 얼굴빛을 찾을까
수반에 모셔졌다고 웃음을 되찾을까
오로지 강물에서만 승화하는 영혼인데

화가에겐
영감 주는 창조의 모델이었다
작곡가에겐 나는 신비한 리듬이었다
물속의 생명체에겐
아늑한 집이었다

매일 밤 윤슬을 좇아 강에게 안긴다
고단한 몸 어루만지는 어머니의 물결
비로소 생명을 얻어 숫구멍을 발딱인다

용서

자리에 없다고 핏발 세워 흉봤더니
내뱉은 말들이 지네처럼 발이 많아
기어코 개를 찾아서 고자질했더이다

풍선처럼 커진 공기 변명으로 빼려 해도
내 심장을 조준하는 날카로운 저 시위
결국엔 심장을 뚫어버린 절교의 독화살

미움은 덫치기로 잡고 사랑엔 뗏밥 뿌려
용서하는 마음이 수면파로 전해진다면
내 온몸 독이 퍼진들 죽은들 감사하오

살풀이

빙충이 같은 성격에 나서지도 못했다
잘난 것 개뿔도 없어 늘 비켜덩이었다
그런데 남이 꺼리는 일엔 까치발로 앞장섰다

그런데도 시련은 두껍집의 문짝처럼
숨었다 나와서 앞길을 막아선다
인생의 길품삯이 적어 지겟다리 신세인가

흰 명주붙이 차려입고 살풀이라도 해볼까
신발 끈을 새로 매며 다기지게 살려는데
또다시 악지부리며 덤벼오는 세상사다

색소폰의 밤

사방에 흩어져서 하는 일은 달랐지만
색소폰 불빛으로 부나비처럼 모여들어
끝까지 자신을 태우며 소리 하나 얻었다

빛바랜 현수막을 덩그러니 걸어놓고
현란한 조명도 공연복도 준비 없이
짬 내어 연습한 곡을 신명나게 뱉는다

청량하고 고운 음파가 여운을 남기면
얼어붙은 정이 녹아 혈류 타고 흐른다
조금 전 낯설던 사람들 모두가 살갑다

트럼펫 소리

어디선가 어스름한 빛의 꼬리를 붙잡고
깊숙하게 묻었던 슬픔까지 들춰내며
들려요
귓전을 타고
애절한 목소리로

누구인가 상처 난 마음들을 모두 모아
마디마디 풀어서 파문을 일으키며
부네요
핏발을 세워
간절한 호흡으로

무엇인가 깨지 못한 해묵은 응어리도
강하고 부드럽게 구석구석 어루만져
푸네요
마음 저미는
따스한 감동으로

황조롱이, 그 떠난 빈 둥지

다정이 지나쳐서 시샘들이 넘쳤을까
애써 낳은 알들이 부화되지 못해도
오히려 잉걸불처럼
새 삶을 지피더니

늘 둘이었는데 언제부터 혼자일까
섬 하늘 화려한 비상 날개 접어 가두고
고목의 가지에 앉아
화석처럼 굳어버린

떠난 자의 그림자는 남은 자의 번뇌인가
몇 해를 기다리다가 환상을 쫓아갔을까
너마저 떠난 빈 둥지엔
전설만이 흩어진다

독도

수천 개의 섬들이 남 · 서해에 터 잡을 때
유독 나는 울릉도 곁 동해에 자리잡아
아아히 버티고 서서
문지기를 자처했다

살점 뜯는 격랑도 갓밝이의 추위도
등뼈를 곧추세우고 지르보며 참았지만
왜인들 물개 절멸은
죽기보다 괴로웠다

침탈의 입살이 파도 따라 밀려와도
호국의 정신은 해미처럼 피어나서
뼈지게 으레 지키겠다
어둑발도 뚫으며

수련

모질지 못한 마음에 모든 땅 양보하고
모두가 기피하는 진흙탕에 발을 뻗고
헛얼에 상처날까봐 속마음조차 비웠네

묶어놓은 마디마다 허한으로 앓다가
외목으로 찾아드는 온기에 기력 찾아
둥글게 말아 쥔 연서 수면으로 내미네

펼친 사연이 너무 많아 행여나 못 읽을까
노란 속 불 켜들고 곳곳에서 불 밝히고
혹시나 불 꺼질세라 꽃잎 겹겹이 세웠네

저 초록 못다 담겠다

누워있는 산등성이의 빼어난 곡선
걸쳐 입은 초록 옷에 예쁜 분홍무늬
각치는 세상을 피해 열은 산길 들어선다

근육들이 놀라고 죽지조차 아팠지만
길목 지킨 풀꽃과 서서 기다린 나무
반갑게 손을 흔들어 기력이 솟아난다

비좁은 바위틈을 가파르게 올라가서
암벽 끝 목마 타고 지나온 길 굽어보니
가슴이 너무 좁아서 저 초록 못다 담겠다

2

막사발

깊이가 야트막한
할머니의 욕심이다

꾸밈없고 투박한
할머니의 얼굴이다

무한정 사랑하시던
할머니의 마음이다

점을 찍으며

봉정사 초입에 울창한 참나무숲
딱딱딱… 굵은 줄기를 쪼아대는 딱따구리
점들은 공명이 되어 풀잎에 튀고 파닥인다

몇 번이나 쪼아야 한 세상이 열릴까
점과 점 간극에는 명암이 교차하고
잊었던 삶의 애환들도 보이다 스러진다

빼고 싶은 점들이 흔들어도 붙어 있다
아직도 살아있으니 찾아야할 봄날들
목련이 하늘을 열 듯 그 환희의 점 하나

훈민정음

백성들을 발샅에 낀 꼽재기처럼 여겼다면
일쩝게 정음을 몸 사위며 창제했을까
하늘과 사람과 땅을 우리 말씀과 엮었을까

애면글면 쏟은 정성에 문맹의 벽 무너지니
찬란한 문화의 애채 타국보다 잘 자랐다
최첨단 디지털 시대까지 꿰뚫어 본 긴 혜안

도공, 매병과 부시도록 살다

— 청자상감운학문매병

고혹적인 자태와 유려한 곡선은
난세를 이겨내고 모질게 생명 키운
숭고한 한 여인에게 바치는 제 시입니다

창천을 자유로이 날고 있는 학들 중에
비상하는 학마다 동그라미 그린 것은
형형한 앞날을 위한 우리의 노래입니다

드넓은 비색 하늘 여유로운 구름들은
세월의 후림불에 짧은 생애 마치면
염원한 이상향에서 함께 즐길 춤입니다

혼신의 힘을 쏟아 새기고 채워 넣어
영혼조차 온새미로 유약 칠해 구웠으니
청청한 연잎에 쌓여 부시도록 살겁니다

松葉菊

붓으로 찍어 내린 두툼한 손을 펴고
땅거죽에 나직하게 다보록이 엎드려서
여백의 허전한 공간은 진분홍을 찍었다

외올실 같은 꽃잎 떨어질까 저어하여
밤에는 오므려서 이슬 무게를 피하니
작지만 다부진 삶에 키 큰 내가 멋쩍다

한산 모시

기스락에 걸린 설움
손가락에 감아서
올올이 질긴 운명
베틀에 걸어놓고
세월과 맞대매하며
몸 추슬렀던 나날

빼곡한 눈물이었다
가닥마다 배어 있는
치아는 닳아 깨어지고
고운 손엔 굳은살이
인고의 끝자락에서야
얼굴 내민 세모시

계영배

비색의 청자라서
소중한 게 아니다

절제 못하는 습관
고치려는 고뇌가

몸 속에
은장도처럼
날 세우고 있기에!

장승

하필이면 동구나 재 근처에 버티어
훌쩍 큰 키로 눈 부라리니 겁이 났지
더구나 어둑해지면 흡사 귀신 같았어

사실은 알고 나서는 미안한 맘 들었어
풍우한서 무릅쓰고
병과 액을 막아주다
결 고운 살이 터지고
속병조차 앓는 것에

고맙다는 마음들이 뜸마다 번져가서
동제로 위로할 때 구경만 했는데, 아!
조상님 모습이었네, 헌신에 뿌리박은

오죽

오죽헌에 안 가도 너를 자주 만나네
자흑색 몸뚱이에 은장도 댓잎
인생길 삶의 마디마다 비우고 묶는 자세

꼬장꼬장 융통성 없는 네 성격을 알지만
웬만하면 구부리지 모두 그리 살잖아
잘라서 피리로 불면 한이 배어나겠다

유등지 연꽃

1
갈맷빛 연잎 위로 건져 올린 저 연홍빛
한 해만 지나가도 뇌리에서 색이 바래
연년이 다시 찾아가 투명한 빛 입혀 온다

2
누가 그렸을까 저렇게 많은 연잎과 이슬
그 누가 읊었을까 곳곳의 저 붉은 시구
참았던 그리움마저 까뒤집는 저 오리 떼

3
긴 세월 오직 너를 그리고 그리다가
마지막 고비에서 펼쳐든 하얀 명주
곳곳에 혈서로 적은 저 붉은 절규여

4
남산이 유등지를 화선지로 삼아서
농담의 먹빛으로 연잎 빼곡 연꽃도
자신의 긴 그림자도 그 틈새에 그렸네

왕버들숲

그대들 없이는 생각할 수 없는 고향
마을 역사 너무 새겨 잔주름이 넘치고
횡대로 개울을 따라 하늘을 받치는

무성한 잎들 속에 하나하나 간직된
기록은 흩어지고 구전만 희미하다
그대들이 마을을 숨겨 왜구를 막았다는

가지에 걸린 해로 내 잔뼈가 굵어지고
줄기에 숨은 달로 내 청춘이 익어갈 때
별들은 우듬지 위로 폭죽처럼 쏟아졌다

기억들의 행방을 찾아 다시 간 그곳에는
고삭부리 몇 그루만 겨우 일어나서 반기니
세상을 구하러 갔을까 내 유년의 나무들은

용천 동굴

땅 끝의 열기가 내장을 다 녹이고
솟구친 불덩이는 막힘없이 흘러내려
통증 후 용암 새끼줄과 폭포를 남겼다

화상의 치유를 거부하던 용천 동굴이
다독거리는 빗물과 나무뿌리의 침술에
억겁의 단단한 빗장을 조금씩 풀었다

동굴 치장에 늦잡도리던 마음이 조급해져
물로 깎고 붙인 산호, 진주, 황금빛 석순들
신비의 천년 호수는 녹옥처럼 빛난다

꿈속에도 볼 수 없는 현실 아닌 현실이여
길게 누운 용암두루마리를 조심스레 펼치면
물과 불 주젓개로 저은 비밀들이 풀릴까?

그대의 그림자

너덜겅을 지날 때도 벼랑 끝을 기어도
노을에 붉게 젖어 손잡고 내 건너도
그리워 곁에 있어도 걸음마다 보았다

그대의 그림자 좇다 다시 찾은 그곳은
어스름이 급히 짙어 환영마저 묻히고
서러워 곁에 없어서 혼자인 게 아팠다

갈대숲에 가면

갈대숲에 가면 그저 갈대가 되는 거야
눈물처럼 스며오는 싸한 안개에 젖어
바람의 감긎은 짓도 몸 흔들어 재우고

과거의 저지레와 현실이 뒤엉키고
다가올 미래조차 심하게 흔들려도
뿌리는 굳게 지키는 너처럼 사는 거야

3

여우비

모처럼 차려 입은
옷이 젖어 속상하다

직접 당해보니
이름 한 번 잘 지었다

뒤통수
치고 나서는
시치미를 뚝 떼는

애물단지

수납공간 한 편에서 숨죽이며 떨고 있다
자꾸 자꾸 밀리다가 눈 밖에서 벗어나
끝내는 천덕꾸러기로 내쳐질 운명 앞에

줄 빠진 테이프는 DVD에 음성 잃고
유행 지난 옷가지는 신상품에 체온 잃고
수많은 애물단지들이 낙엽처럼 뒹군다

그래도 한 때는 사랑하고 아꼈는데
미련이 단절보다 코숭이가 좀 더 길어
이제는 트럭으로도 못다 치울 산더미

독작

내 몸의 어딘가에 붙어있는 지느러미가
어둠이 입을 벌린 덧문으로 휘저으면
이성은 교두보를 잃고 주점으로 향한다

독주가 핏줄에 쓰나미처럼 범람하고
끈 풀린 언어들이 품위조차 허물 때면
주모는 비위 맞추며 매상고를 올린다

별들이 자리 잃고 빙글빙글 돌고 있고
누군가 불면으로 검을 뽑아 겨누는 데
살기도 느끼지 못하고 익숙한 길 헤맨다

개나리

짓눌린 눈의 무게도
지게 지고 견디었고

뼛속까지 시려와
몸이 떨리는 한기에도

아무는
상처 덧날까봐
앙다물고 참았다

상반되는 세상사마다
맞대매하고 변명해도

수긍 안 하는
회색의 고통으로 쌓일 때

오직 너
내 편에 서서
샛노란 웃음을 보냈다

성형 수술

웃을 때 숨어버리던 그 눈이 아니네요
어디서나 구분되던 그 가족들의 그 징표
유전자 변이와 같이 이방인이 된 저 눈매

옆모습이 앙증맞던 그 코가 아니네요
콧구멍이 살짝 보이던 귀여운 그 특징
정마저 비끼어가는 날카로워진 저 콧대

오랫동안 대면했던 그 모습이 아니네요
감정 따라 변하던 익숙하던 그 표정도
공허한 유행을 좇다가 서름해진 저 얼굴

금연에 대하여

바윗돌을 산꼭대기로 떠밀어 올린다
인내의 끝자락에서 창백해지는 낯빛
버티다 놓아 버리면 또다시 원점이다

결심을 흑책질하는 유혹을 견딘다
작박구리 기세로 주먹을 불끈 쥐고
중요한 날을 뽑아서 출정도 몇 번이다

여정에서 필수적인 장비도 버거운데
불필요한 짐들조차 계속 지고 왜 왔을까
어쩌다 골초가 되어 스스로를 말리는가

수십 년 들이마셔 찌들어진 내장에게
양심의 가책만큼이나 길미가 쌓였는데
이 빠진 의지를 벼려 담금질을 또 한다

일회용 컵의 강변

내 마음 비웠지만 이 말 만은 해야겠다
녹음 짙은 고향에서 무참히 베어져서
갖가지 심문을 해도 내일 위해 참았음을

컵으로 변신한 나를 감싸쥐고
살며시 입맞추며 커피를 마실 때도
하얗게 변한 얼굴을 원망하지 않았음을

단 한 번 사랑받고 버려지는 신세이고
누런 액이 묻은 채 내팽개쳐져 있을 때도
구겨진 자존심보다는 재생을 꿈꿨음을

악취 나는 매립장에 묻혀서 신음할 때도
밀알처럼 희생하여 많은 열매 꿈꿨는데
몇 백 년 썩지도 않는 몸뚱이가 괴로웠음을

장터의 안노인들

유모차를 지팡이 대신 천천히 밀어가며
괴끼 같은 몸 추슬러 두 다리를 끌면서
오늘도 말벗을 찾아 바늘 길을 나선다

시야는 안개 같고 선명한 소리도 잊은
비슷한 동배들이 난전에 모여앉아
결석한 택호 부르며 안부를 묻고 있다

자꾸만 줄어드는 빈자리가 허전한지
좌판에 놓인 물건을 금치다가 다투고
일백 번 서로 듣고도 같은 얘기를 또 한다

퉁퉁 불은 면발 가락 서로에게 건네주고
물건 값 흥정 때엔 한목소리로 거들다가
비익조 기억도 없는 저문 길을 돌아간다

주점의 여인

사금파리 신세를 담배연기에 짙게 싣는다
하얀 윤기를 닦아 주었을 반쪽 손길도
눈시울 식기도 전에 등지고 떠나갔다

첫걸음 무림에는 고수가 즐비하여
안개 속에 몸을 숨겨 뼈를 깎아 세운 터전
밤이면 닻을 내리는 작디작은 주점이다

어둠의 가면들이 문으로 불쑥 들어와
온종일 마신 독기를 새까맣게 뿜어내면
술잔에 마법을 풀어 웃음 섞어 권해준다

어둠이 물러가고 고도에 혼자 남으면
몽롱한 취기 속에 맞추는 행복 퍼즐
어둠이 또 덧문을 열면 퍼즐들이 흩어진다

불면

잠 좀 자자, 제발 이제는 자련다
간구에 반비례하는 초롱초롱한 의식
하얗게 어둠을 갈아 끝도 없이 마신다

기억의 앙금들이 들쑤셔 구정물 된다
아릿한 아픔들이 혈관타고 흐르면
눈물은 아픈 삭신을 짚어가며 흐른다

너무나 미워해서 원망으로 남았을
너무나 집착해서 몸서리가 쳐졌을
죽어서 받을 벌들을 당겨서 받고 있다

용서해 정말 용서해 두 손을 모았다가
미안해 진정 미안해 무릎 꿇고 빌다가
대답도 채 듣기 전에 별빛은 또 바랜다

줄타기

재담에 울다가도 어느새 박장대소
마음대로 움직이다 발 헛디디면 간이 철렁
줄광대 절묘한 재주가 좌중을 압도한다

밧줄의 성질 알고 부채로 균형 잡아
삶의 모든 희비애환을 줄에서 튕겨낸다
밑에서 어릿광대도 맞장구로 화답한다

개인묘기에 식상한 외국인의 입맛에도
우리 줄이 신선하고 멋있다고 인정하니
녹밧줄 세계로 걸고 신명나게 놀아보자

느림을 위하여

과속을 일삼다가 시야가 좁혀져서
간과한 주변사의 상처가 아려 와서
이제는 수치를 가릴 구름이고 싶습니다

휘둘렀던 칼끝에 상처 입은 대상들이
정수리를 겨냥하고 창끝을 모으는데
앞으론 용서를 구할 눈물이고 싶습니다

멍에도 풀어놓고 휘우듬한 삶도 바루고
바람에 마음 까불러서 검불 날려 보내어
언제나 햇살만 실은 빈 배이고 싶습니다

선거철

두메산골 어르신들
얼굴 한 번 쳐다봐라

흙덩이고
풀이고
물이고
나무다

그런데
오염물질을
자꾸 뿌려대면 어쩌니?

이별 준비

석양이 가까워져 그림자가 길어지니
혐오하고 회피했던 어두운 장면들이
아무리 밀쳐내어도
자꾸만 다가설 뿐

검은 리본 장식한 액자 속의 얼굴들
내 배려와 나눔이 부족했음을 자책해도
적멸의 공간 속에서
묵언으로 응시할 뿐

액자 속의 내가 마주선 내게 귀띔한다
"대금처럼 속을 비워야 청아한 음이 나지."
"올 때에 이슬이었으면
갈 때는 바람일 뿐."

염소

봉화군 물야에서 염소 한 마리 죽었다
언젠가 죽으면 필요한 이에게 주라고
하늘에 부탁한 사람 모두 모였더이다

산나물 파와 마늘 순 따먹던 나뭇가지
주인의 죽음에 순장을 자청하여
독특한 맛과 향기를 함께 우려냈더이다

건더기는 구수한 할머니의 이야기맛
국물은 시원한 고향의 산과 들맛
정겨운 인정의 맛을 함빡 느꼈더이다

4

소나무 1

굴곡 있고 터질 듯한
저 몸매에 끌렸나

만나면 팔을 들고
반기는 데 반했나

갈맷빛
다짐한 언약
꺾지 않는 저 미더움

소나무 2

심산엔 곧은 몸매
신사처럼 늠름하고

기암엔 곡선 따라
숙녀처럼 예쁜 자태

어디든
자세 잡으면
눈에 띄는 모델이다

춘양목

그대가 존재함은 그 자체가 기쁨이오
가까이 보아도 먼 곳에서 살펴도
언제나 같은 그 자리 변함이 없는 진실

겉모습 수려한데 속까지도 야무지오
얇은 옷 입었어도 귀티가 절로 나서
가벼이 범접 못하고 저절로 솟는 존경

대신할 재목 없어 진중히 쓸까하오
단단하고 쓸모 있는 나만의 집을 지어
언제나 동행하려오 천년이 넘는 세월

고목의 벚꽃

가늠하기 어려운
세월의 무게 앞에서

결 고왔던 피부가
주름살이 깊어지고

드러난 뿌리들마다
생채기가 어지럽다

고통참고 제 팔 잘라
몸무게를 지탱하고

골다공증 증세 깊어
속조차 비었는데

수심을 내리누르고
파안대소 중이다

풀꽃 1

풍속에 따라
몸을 흔드는 풀

그래도 좀처럼
꺾이지 않는 줄기

조금만
유해 보세요
풀처럼 낮추세요

풀꽃 2

실없이 왜 크냐고
쳐다보며 웃길래

키 반 쯤 꺾고 앉아
가까이 다가가니

안기네
정갈한 맵시로
향수까지 뿌리고

풀꽃 3

어렵사리 발견한 꽃이어서 또한,
초강초강한 새색시 같은 꽃잎에 홀리어
시간의 갈피를 접고 숙이고 바라본다

제 곬로 흐르는 강물의 마음 닮은
뼛속까지 보여도 당당한 나목 같은
지친 삶 위로해주는 영혼이 여기 있다

풀꽃 4

향기 나는 나물로도 태어나지 못하고
애지중지 가꾸는 화초도 아니어서
자꾸만 위축이 되어 외진 곳에 숨는다

외로움 심해지면 햇살도 불러보고
원망이 깊어지면 바람에게 털어내며
소중한 작은 꿈들을 오롯이 가꾼다

마음이 닿았을까 누군가가 찾아오고
따뜻한 눈길 주며 예쁘다고 말할 때
하얀 이 드러내면서 눈꽃처럼 웃는다

덕곡 풍경

싱그러운 새벽 공기 콧속으로 들어와서
핏줄 타고 스미어 말초신경에 다다르면
신비한 가야산 기운에 나무처럼 일어나고

창문을 활짝 열면 그 누군가 밤을 지새워
같은 구도에 배경색만 열심히 바꿔 찍은
새로운 판화 작품을 안개 속에 선보이고

밋밋한 들판이 지겨워 농부 몇 명 새겨넣고
키가 다른 산들에게 계절 맞춰 옷 입히면
하늘도 실루엣으로 별자리를 찍고 있고

덕곡초등 아이들

가야산에서 미끄러진 산바람이 놀러 와서
와글거리며 몰려다니던 아이들을 대신하여
허전한 교정을 돌며 부산을 떨고 있다

큰 학교가 좋다는 소문 농촌까지 파고들어
키질하는 바람 따라 우수수 날아가고
그나마 튼실한 열매 손꼽을 정도로 남았다

"얘들아, 기운 내라 푸른 솔이 반기잖니?
마음 속엔 맑은 내가 실핏줄 따라 흐르잖니"
별들이 하얀 꿈꾸며 머리 위로 내리잖니?"

할머니와 손자

목을 빼고 우짖어도 돌봐주는 이가 없어
외롭고 두려움에 퀭한 눈을 굴리다가
기억의 언저리에서 더듬어 보는 어미의 품

아버지 어깨 위에 목말을 탄 친구 보며
서럽고 외로움에 진한 눈물 삼키다가
희망의 등대 너머로 그려 보는 아비 형상

겉늙은 할머니가 손자 걱정을 달고 다녀
덩달아 어린 마음에 식은땀만 흘리다가
서로가 짊어진 짐을 손 맞잡고 푸는 세월

가을 단상

햇살이 톱니 모양 잎들에게 자꾸 베여
핏물에 잎들이 붉어질 때, 너는
계절의 맞창을 뚫고 소리 없이 다가왔다

고주박잠 든 바위를 은빛 억새가 간질이고
제 몫 다한 나뭇잎이 뉠 자리 찾아 떠나면
터질 듯 익은 그리움이 해국으로 피어난다

꽃의 말

그대가 원한다고 계속 꽃을 피울까요
꽃 지고 없더라도 있는 듯 여기세요

염원이 씨앗이 되면
꿈처럼 피울 테니

기다림

봄이 쉽게 묻도록 가지마다 속긋 긋고
안개에 길 잃을까 조바심 내며 기다리니
어느새 봄빛을 찍어 가지마다 덧입혔네

몽긋대는 그대가 언제 오나 궁금하여
빗금을 그어가며 속절없이 보낸 세월
석삼년 기다릴 테니 봄처럼만 오소서

5

동창천 1

하 걸러졌으면
시리도록 투명한 저 강물
내 마음에 봇도랑 내어
한 줄기를 흘리자
아무리 나를 까발려도
양파 같게
눈 같게

동창천 2

그 내를 보고 지나치면
목석같은 사람이지

반짝이는 잔물결은
숲 그늘에 빛을 찍어

눈자리
머무는 곳마다
그림이고 시인데

동창천 3

군불 때는 냇내가
소슬바람에 실려 와서

어스름 짙은 강가의
미루나무 가지에 걸리면

운문사 범종소리는
남은 잎을 떨어내고

동창천 4

생각이 복잡할 땐
따스한 자갈을 잡아 봐

굴신하기 싫으면
모래사장에 누워 하늘을 봐

흰소리 하고 싶거든
물소리에
귀 기울여 봐

자갈논

손으로
모를 못 심는
논이 아닌 논이다

등골이 빠져가며
호미로 심었는데

가을볕
다 끌어 모아
이삭마다 옹골져라

오히려 당신은

사실 여부 확인 없이 들볶으며 닦달할 때
말없이 원망스럽게 쳐다보던 당신은
좀스런 내 됨됨이를 얼핏 알았을 것이다

자존심을 못 구겨서 핏발 세워 우길 때
갑자기 눈물 흘리며 훌쩍이던 당신은
좀먹은 내 정신세계가 안타까웠을 것이다

툭툭 던진 말들이 잡살뱅이처럼 어지러워
밤새도록 자책으로 괴로워할 때 당신은
몹쓸 말 걸러버리고 외려 걱정할 것이다

산골짜기가 굽은 까닭

산봉우리 쟁인 바람 갑자기 덮칠까 봐
굽이굽이 잡아 놓고 산 내음 버무려서
산자락 거느린 식구에게 일일이 주려고

온갖 감정 뒤섞여 먹빛 품은 사람들이
설레발로 산에 올라 악취를 내뿜을까 봐
마음을 정화하면서 자늑자늑 오르라고

아버지의 사진

빛바랜 사진 속에 아버지가 웃고 있다
포연 사이 짬을 내어 말끔한 군복 입고
생사의 길목에서도 늠름하고 힘차다

대포의 우레와 포탄의 섬광 속에
목숨은 초개같아 하늘에 맡겨두고
아내를 생각하면서 영정으로 찍었을까

살았대도 못 믿고 죽었대도 믿기지 않을
막바지 전장에서 배달된 이 사진을
얼마나 꺼내 봤을까 모서리가 닳았다

부부

실로 연결된
팽팽한 운명이다

너는 나의 얼레
나는 너의 연되어

창천의
너른 바다에서
무궁 세월 추는 삶

아흔 살 장모님

기억은 소리 없이 시나브로 사라져도
지울 수 없는 것은 소금으로 남겨서
때로는 눈물로 녹여 옛날을 건집니다

연골은 마모되어 뼈마디가 붙었는데
피붙이들 위한 농사로 흙주접이 들어서
온몸은 숨쉴 틈 없이 송곳에 찔립니다

눈가에 지게미로 질긴 삶이 붙어 있어
죽는다는 생청조차 미풍으로 사라지면
천천히 초라뗀 몸을 고목처럼 앉힙니다

눈빛에 다 보이네요

그대를 본 순간부터
틈틈이 그린 그림

자꾸만 그리다보니
정밀화가 되었어요

속내도
감추지 마세요
눈빛에 보이네요

천천히

천천히 걸어가면
모든 게 다가오네

올찬 벼이삭도
묵정밭의 씨도리도

당길심
사라지면서
발품 값은 얻었네

| 해설 |

자책의 시적 승화와 미적 변주

이정환(시인)

1

예병태 시인은 특히 삶에 철저하다. 이 땅에 사는 그 누구인들 자신의 삶에 충실하지 않는 이가, 충실하려고 노력하지 않는 이가 있겠는가. 하지만 그럼에도 불구하고 그는 삶에 대하여 늘 좌정하는 모습을 견지하는 철두철미한 생활인이요, 교육자요, 시인이다. 그의 시집 전편을 면밀히 읽어가면서 시종일관 느낀 것은 그는 참 모범 답안의 삶을 살아가고 있구나 하는 것이었다.

더구나 시인으로서 한 편 한 편의 시조를 매만질 때마다 성심을 다하고 있는 것을 산견한다. 물론 이 점은 당연지사일 것이다. 그러나 이만큼 진지하기는 그리 쉬운 일이 아니다. 특히 고유의 우리말에 대한 식견은 놀랍다. 일상에서 잘 쓰지 않는 낱말들을 적재적소에 앉혀서 끈질기게 체현해 보이고 있는 점은 주목할 일이다.

그의 이번 시집 『바람의 얼굴』은 다소 고전적인 분위기를 품고 있지만 여러 작품들에서 참신한 발상과 형상화를 통해 시의 한 정점에 이르고자 하는 강한 열망을 보인다. 그런 점이 적지 않은 연치에 비해 신선하게 읽힌다.

토막 나고 켜지고 쪼개진 생의 편린을
수직으로 수평으로 빗살로 엮은 평생

수없이 교차하면서 촘촘한 인연 쌓았다
—「나무의 꿈」 중에서

'인연', '평생'과 같은 말이 녹아 있지 않지만, 문살을 보며 나무의 꿈을 떠올리면서 촘촘한 삶이 어떠한 것인지를, 어떠해야 하는지를 명징하게 말하고 있다. 삶에 대한 그의 자세가 여실히 읽힌다. 수직과 수평의 원활한 교직, 혹은 교감으로 주어진 생을 넉넉하게 살아가야 함을 은연중 환기하는 작품이다.

갈대숲에 가면 그저 갈대가 되는 거야
눈물처럼 스며오는 싸한 안개에 젖어
바람의 감궂은 짓도 몸 흔들어 재우고
—「갈대숲에 가면」 중에서

그렇다. 갈대숲에 가면 갈대가 되고, 버드나무숲에 들면 버들이 되고, 억새밭에 서면 억새가 되어야 한다. 싸한 안개가 눈물처럼 스며오는 것을 굳이 밀쳐낼 일이 아니다. 기꺼이 받아들여야 한다. '바람의 감궂은 짓도 몸 흔들어 재'울 줄 알아야 한다. 시인은 그러한 생각을, 철학을 「갈대숲에 가면」에서 여과 없이 드러내 보인다. 이러한 자연스러움과 세계와의 불화가 아닌 조화는 그의 삶의 지향 항방을 넌지시 일러주는 것이다.

끌탕으로 점철된 여정의 지층
높이만 쌓아올려 미진에도 흔들리고
아무리 비끄러매도 엇나가고 깨진다

마음결 넓게 잡아 헤식은 층 다지고
낮지만 튼튼한 나만의 자리매김
무녀리 올무를 벗고자 뼈지게 다짐한다
—「結紐」 전문

제목이 특이하다. '결뉴'는 '끈을 맴, 또는 얽어 맺음, 서약을 함'이라는 뜻을 가진 낱말이다. 「結紐」는 자신의 삶을 어떻게 경영하고자 하는지에 대한 의지를 육화하고 있다. '미진에도 흔들리고/아무리 비끄러매도 엇나가고 깨'지는 것을 막기 위한 부단한 노정 속에 높이만이 전부가 아니라 낮더라도 튼튼한 나만의 지층을 쌓아올리겠다는 것이다. '다짐한다'는 진술이 아쉽긴 하지만 '끌탕, 비끄러매도, 헤식은, 무녀리'와 같은 어휘들이 적절하게 놓인 점이 눈길을 끈다. 「結紐」에서 보인 시각은 「계영배」에서 '몸속에 은장도처럼 날 세우고 있기에!'라는 대목과 그 맥을 같이 한다.

수천 개의 섬들이 남 · 서해에 터 잡을 때
유독 나는 울릉도 곁 동해에 자리잡아

아아히 버티고 서서
문지기를 자처했다

살점 뜯는 격랑도 갓밝이의 추위도
등뼈를 곧추세우고 지르보며 참았지만
왜인들 물개 절멸은
죽기보다 괴로웠다

침탈의 입살이 파도 따라 밀려와도
호국의 정신은 해미처럼 피어나서
뼈지게 으레 지키겠다
어둑발도 뚫으며
—「독도」 전문

「독도[1]」는 독도가 시의 화자가 되어 결의를 다지는 발언을 한다. 한반도의 문지기를 자처한 섬이다. '살점 뜯는 격랑도 갓밝이의 추위도 등뼈를 곧추세우고

---

1) 필자가 오래 전에 쓴 다음과 같은 독도에 관한 시조가 있다. 예병태 시인의 시조와 함께 읽어도 좋을 것이다.

떨어져 있어도 너는 홀로 있는 것 아니다
끝없이 댕기는 핏줄 느꺼워하며 우리들
너에게 비로소 안겨 이 겨레를 생각한다.
반도의 피붙이로 여기 이렇게 솟아나서
그 무슨 상징처럼 때로 더운 눈물처럼
독도여, 너는 언제나 우리 곁에서 우뚝하다.

지르보며 참' 아온 섬 독도는 그러나 '왜인들 물개 절멸은/죽기보다 괴로웠' 던 것이다. 셋째 수에서는 결의를 다진다. 해미처럼 피어나는 호국의 정신으로 어둑발도 뚫으며 빼지게 지키겠다는 의지를 표출하고 있다. 요즘도 여전히 '침탈의 입살이 파도 따라 밀려' 오고 있는 중이다. 현재진행형의 사안이다. 입을 다물어야 마땅한 쪽에서 종내 그 입을 다물지 못하고 더욱 소란을 떠니 어찌할 방도가 없다. 최근 독도에 간 일본 역사학자와 승려 세 사람이 "독도는 한국땅[2)]"이라고 외친 적이 있다. 이들은 시민단체 회원들로서 그 중 구보이 교수는 "독도는 일본이 러 · 일 전쟁을 유리하게 이끌기 위해 강점한 것"이라면서 "일본에 가서 올바른 역사 부교재를 만드는 등 독도가 한국 땅임을 알리는 데 앞장서겠다."고 말하고 있다.

예병태 시인의 「독도」는 우리 역사의 위의를 세우는 데 중요한 자료가 될 것이다.

자기 땅이라고, 竹島라고 우기는
그네들을 보며, 너는 온몸으로 말하리라
조선의 혼이 내 안에 흐르고 있노라고.
— 이정환, 「너는 혼자가 아니다 - 독도」

2) 2013, 5, 24, 중앙일보, 14면.

생각이 복잡할 땐
따스한 자갈을 잡아 봐

굴신하기 싫으면
모래사장에 누워 하늘을 봐

휜소리 하고 싶거든
물소리에
귀 기울여 봐
—「동창천 4」 전문

비좁은 바위틈을 가파르게 올라가서
암벽 끝 목마타고 지나온 길 굽어보니
가슴이 너무 좁아서 저 초록 못다 담겠다
—「저 초록 못다 담겠다」 중에서

때로는 몽우리였으면, 조붓한 바위틈의
꿈꾸었던 세상을 촘촘히 채워 넣어
살며시 꽃숭어리를 소담스레 피우는

한번쯤 미물이라면, 찌든 허물을 벗는
야린 피부를 가다듬고 구겨진 근육 펴서
드넓은 세상을 향해 새롭게 날개짓하는

때때로 나무였으면, 교목은 아니어도
맑은 공기 깨끗한 물 이드거니 머금고
제자리 지켜가면서 나이테를 새겨가는
—「때로는」 전문

시인은 자연친화적이다. 자연과 더불어 사는 삶의 묘미를 알고 있다. 위의 세 편이 그것을 잘 말해준다. 자연을 거스르는 삶을 원하는 이는 없을 것이다. 그러나 일상에 부대끼다 보면 진종일 하늘 한번 우러러 보지 못하고 보낼 때가 적잖다. 위의 시편들은 모두 우리에게 여유로운 시간을 가질 것을 넌지시 일러주고 있다. 「동창천 4」에서 자갈과 모래사장 그리고 물소리와 어울릴 것을 권한다. 철근과 시멘트로 뒤덮인 도심지를 떠나 동창천으로 오라는 것이다. 와 보면 안다는 것이다. 이런 것이 진정한 삶이라는 것이다.

「저 초록 못다 담겠다」에서 시인은 자연 앞에 겸손함을 보인다. 즉 '가슴이 너무 좁아서 저 초록 못다 담겠다' 는 것이다. 무한량의 초록물결로 뒤덮인 산을 바라보면서 삶의 활력을 만끽하는 중에 자신의 존재가 미미하여 저 엄청난 '초록' 을 자신의 가슴 속에 다 감당하지 못하겠노라는 경이의 탄복을 한다. 능히 그럴 일이다.

「때로는」은 각 수의 종장 끝마디를 미완으로 마무리하는 시도를 보인다. 이러한 작은 실험은 그가 처음 시도하는 것은 아니지만 나름대로 의미를 가진다. '몽우리, 미물, 나무'가 되고자 하는 염원을 자연스럽게 풀어가고 있다. 꽃숭어리를 피우고, 새로운 날갯짓을 하고 자신의 자리를 지키며 나이테를 새겨가는 소담스러운 삶을 구가하고자 하는 바람이 진솔하게 담겨 있다.

어느 때나 불쑥불쑥 찾아오는 이방인
부드럽게 다가와서 힘껏 밀치기도 했지
이따금 살을 에는 듯한 아픔마저 주었지

불현듯 내 등 뒤를 쫓아다니는 미행자
해미 속의 갑판, 벼랑 끝 바위까지
너 몰래 더 이상 숨을 곳 찾을 수 없었지

그러나 너는 머물지 않는 방랑자
무람없는 몸짓조차 구순하고 편해질 때
소맷귀 잡을 새 없이 표표히 사라졌지
—「바람의 얼굴」 전문

예로부터 많은 사람들이 '바람'을 노래한 바 있다. 삶의 중심에서 더불어 움직이기 때문이다. 사람들은 바람을 활용하여 멀리 떨어져 있는 사랑하는 이에게 마음을 전하고 바람 때문에 울고 바람 때문에 웃으면서 살아간다. 그렇기에 바람은 시의 주된 소재가 될 수밖에 없다. 시인은 바람의 모습은 대체 어떤 것인가 하고 생각한 끝에 「바람의 얼굴」을 쓴 것으로 보인다. 바람의 얼굴을 스케치하는 일은 상식선을 뛰어넘기가 어렵다. 이 작품도 그런 점에서 예외는 아니다. 하지만 둘째 수에서 '해미 속의 갑판, 벼랑 끝 바위까지' 라는 독특한 장면 제시로 말미암아 이 작품의 무게감이 달라지고 참신성이 가미되면서 의미가 증폭된다. 거기에다가 '무람없는, 구순하고' 라는 낱말이 셋째 수에 놓여 의미를 확장하고 있는 것도 이 시편의 평이성을 극복하는데 일조를 하고 있다.

「바람의 얼굴」은 자신에게 불어 닥치는 바람을 잘 제어하고 이겨내거나 화목을 이룰 때 한 사람의 인생이 달라질 수 있을 것이라는 점을 은연중 일깨우는 점에서 예병태 시조시학의 한 축이 될 작품이다.

너무나 미워해서 원망으로 남았을
너무나 집착해서 몸서리가 쳐졌을
죽어서 받을 벌들을 당겨서 받고 있다
—「불면」 중에서

누구나 불면의 밤을 겪게 마련이다. 시인은 무슨 연유인지는 모르나 잠 못 이루는 밤 혼자 깊은 생각에 빠져 자신을 한없이 자책한다. 자책 없는 인생이 어디 있으랴. 삶의 노정이 자책의 연속임을 아는 이는 다 안다. 죽어서 받을 벌을 미리 받고 있다는 진술도 공감이 간다. 극심한 불면은 보통의 고통이 아니기 때문이다. 원망과 몸서리쳐짐은 그런 점에서 불면의 무서운 선물(?)이다. 이겨내고 난 후 그 후유증은 크다. 자고 싶다 자고 싶다 외칠수록 더욱 초롱초롱해지는 의식으로 말미암아 '하얗게 어둠을 갈아 끝도 없이 마' 시는 일을 하고 있다는 대목에서 삶이 우리에게 안기는 말 못할 아픔들이 화인처럼 눈앞에 떠오른다.

빛바랜 사진 속에 아버지가 웃고 있다
포연 사이 짬을 내어 말끔한 군복 입고
생사의 길목에서도 늠름하고 힘차다
—「아버지의 사진」 중에서

아버지는 전쟁이 한창 중에 한 장의 사진을 찍는다. 사진은 남고 자신이 혹 떠나게 되는 것을 염두에 둔 것인지도 모른다. 생사의 길목에서도 말끔한 군복을 차려입은 늠름하고 힘찬 모습이다. 포연이 가시지 않는 전장의 한복판에서 사진을 남긴다는 것은 비장함이 함께 하는 일이다.

모처럼 차려 입은
옷이 젖어 속상하다

직접 당해보니
이름 한번 잘 지었다

뒤통수
치고 나서는
시치미를 뚝 떼는
—「여우비」 전문

기실 여우와 비는 서로 상관성이 없다. 햇빛 나는 데 오는 비 때문에 아무런 관련이 없는 여우가 끌려 나와서 여우비라는 말이 생겨난 것이므로 여우로서는 가당찮은 일이다. 여우의 속성으로 인한 것이기에 '여우비'라는 말은 울림이 남다르다. 시의 화자는 뒤통수 맞고 나서야 누가 지은 지 모를 '여우비'라는 말을 실감한다. 시인은 모름지기 사물과 세상 그리고 삶에 대해 부단히 새로운 의미를 부여하는 존재라고 볼 때 최초로 '여우비'라는 합성어를 만들어낸 사람도 시인이었을 가능성이 크지 않을까 싶다. 가볍게 읽히는 시편이다.

석양이 가까워져 그림자가 길어지니
혐오하고 회피했던 어두운 장면들이
아무리 밀쳐내어도
자꾸만 다가설 뿐

검은 리본 장식한 액자 속의 얼굴들
내 배려와 나눔이 부족했음을 자책해도
적멸의 공간 속에서
묵언으로 응시할 뿐

액자 속의 내가 마주선 내게 귀띔한다
"대금처럼 속을 비워야 청아한 음이 나지."
"올 때에 이슬이었으면
갈 때는 바람일 뿐."
—「이별 준비」 전문

「이별 준비」는 돌연 숙연하게 한다. '석양이 가까워져 그림자가 길어지' 면서 내면의 갈등이 표출된다. '어두운 장면들' 을 아무리 밀쳐내어도 자꾸만 다가' 서는 것을 막지 못한다. '검은 리본 장식한 액자 속의 얼굴들' 을 바라보면서 만감이 교차한다. 그 순간 할 수 있는 일이라고는 '적멸의 공간 속에서 묵언으로 응시할 뿐 '임이 분명하다. 유한의 생을 살다가는 존재로서 할 수 있는 일은 극히 한정되어 있기 때문이다. 이 시편의 특이한 상황 설정 방식은 '액자 속의 내가 마주선 내게 귀띔' 하고 있는 그것이다. 이러한 죽음에 관한 연습은 삶의 성찰에는 더 없이 좋은 것이다. 이 대목에서 대금의 속성을 떠올린다. 청아한 음의 비결은 속을 비우는 일이라는 것을 말하고 있다. 그리고 '올 때의 이슬과 갈 때의 바람' 으로 끝맺으면서 현존의 삶이 얼마나 소중한 것인지를 환기하게 한다.

봉정사 초입에 울창한 참나무숲
딱딱딱… 굵은 줄기를 쪼아대는 딱따구리
점들은 공명이 되어 풀잎에 튀고 파닥인다

몇 번이나 쪼아야 한 세상이 열릴까
점과 점 간극에는 명암이 교차하고
잊었던 삶의 애환들도 보이다 스러진다

빼고 싶은 점들이 흔들어도 붙어 있다
아직도 살아 있으니 찾아야할 봄날들
목련이 하늘을 열 듯 그 환희의 점 하나
—「점을 찍으며」 전문

「점을 찍으며」는 구체성, 즉 리얼리티가 있는 시조다. 사유의 깊이가 실제적인 장면과 원활하게 접목되어 미묘한 파장과 울림을 안긴다. '봉정사 초입 울창한 참나무숲'에서 '굵은 줄기를 쪼아대는 딱따구리'가 만들어내는 점들이 공명을 이루면서 풀잎에 튀고 파닥이고 있다. 퍽 세밀한 관찰이다. 둘째 수에서는 점과 점 간극에 얼비치는 명암을 보고 잊었던 삶의 애환들도 눈여겨본다. 그리고 '빼고 싶은 점들이 흔들어도 붙어 있'는 것을 자각하면서 '아직도 살아 있으니 찾아야할 봄날들'에 대한 희구를 드러내 보인다. 그것은 뒤이어서 '목련이 하늘을 열 듯 그 환희의 점 하나'로 귀결되면서 시종 잔잔한 톤의 이 작품의 기운이 긴 여운을 안긴다.

내 마음 비웠지만 이 말 만은 해야겠다
녹음 짙은 고향에서 무참히 베어져서
갖가지 심문을 해도 내일 위해 참았음을

컵으로 변신한 나를 감싸쥐고
살며시 입 맞추며 커피를 마실 때도
하얗게 변한 얼굴을 원망하지 않았음을

단 한번 사랑받고 버려지는 신세이고
누런 액이 묻은 채 내팽개쳐져 있을 때도
구겨진 자존심보다는 재생을 꿈꿨음을

악취 나는 매립장에 묻혀서 신음할 때도
밀알처럼 희생하여 많은 열매 꿈꿨는데
몇 백 년 썩지도 않는 몸뚱이가 괴로웠음을
—「일회용 컵의 강변」 전문

종이는 나무에게서 나온 것이다. 일상에서 자주 쓰이는 종이컵도 나무를 깎아서 만든 그릇에 커피나 음료수를 담아 마신다고 볼 수 있다. 「일회용 컵의 강변」에서 우리는 무엇을 생각할 수 있을까. 종이컵은 '단 한번 사랑받고 버려지는 신세' 다. 하지만 '악취 나는 매립장에 묻혀서 신음' 하면서도 재생' 을 꿈꾸는데, '몇 백 년 썩지도 않는 몸뚱이' 임을 알고 비통해 한다. 생태학적 시각으로 다룬 작품이다. 온전히 썩어야 흙이나 거름이 되어 재생의 길을 향할 수 있음에도 오랫동안 썩지 않음으로 말미암아 생명의 순환 길을 가지 못하니 그것이 문제인 것이다. 인공의 과정을 거친 한 사물로서 종이컵이 겪어야 하는 아픔이다.

이상으로 예병태 시인의 시 세계를 조망해 보았다. 그는 현재 초등학교 교장으로 근무 중이고, 오랫동안 시조 연구를 해왔으며 시조 창작에 몰두하고 있다. 우리말의 맛깔스러움을 그 누구보다 잘 알고 다양하게 활용하여 자신의 시 세계를 다채롭게 넓히고 있는 것을 이번 시집 『바람의 얼굴』은 잘 말해주고 있다. 그의 철학과 시정신은 자연친화적이면서 성찰의 깊이를 부단히 보여준다.

이 글의 제목을 '자책의 시적 승화와 미적 변주'라고 붙인 것은 그가 여러 곳에서 자책의 편린들을 보였기 때문이다. 그의 자책은 말하자면 자기 파멸의 길이 아니라 자기 완성을 향한 진정성에서 비롯된 것이기에 인생에 대한 성찰에 그 무게를 두는 것이 되겠다. 시인으로서 일가를 이루고자 하는 의지를 이번 시집에서 읽게 된 점은 반가운 일이 아닐 수 없다. 다만 그렇게 되기 위해서는 고전적인 시각이나 일상적인 소재에 머무르지 않는 시적 탐색과 자기 혁신에 보다 진력해야 할 것으로 보인다.

다음과 같은 구절들이 그러한 자질을 넉넉히 드러내고 있다.

두메산골 어르신들
얼굴 한 번 쳐다봐라

흙덩이고
풀이고
물이고
나무다
—「선거철」 중에서

'두메산골 어르신들의 얼굴에서' 흙덩이, 풀, 물, 나무'를 읽어낸 눈은 예사로운 것이 아니다. 이러한 참신한 시각과 깊이를 담보하는 천착으로 개성적인 시조 세계로 들어선다면 그의 인생 후반기의 문학 세계는 더욱 윤택하고 기름지게 될 것이다.

오랜 벗으로서 진지한 인생 담론으로 묶여진 『바람의 얼굴』 상재를 심축하는 바이다.

예병태 시집

바람의 얼굴

초판 인쇄 2013년 7월 10일
초판 발행 2013년 7월 15일

지은이 / 예 병 태
펴낸이 / 박 진 환

펴낸 곳 / 만인사
출판등록 / 1996년 4월 20일 제03-01-306호
주소 / 700-813 대구광역시 중구 명륜로 116
전화 / (053)422-0550
팩스 / (053)426-9543
전자우편 / maninsa@hanmail.net
홈페이지 / www.maninsa.co.kr

© 예병태, 2013

ISBN 978-89-6349-053-3 03810

값 8,000원

* 이 책의 내용의 전부나 일부를 사용하려면 반드시 저작권자나 만인사 양측의 동의를 받아야 합니다.

* 「이 도서의 국립중앙도서관 출판시도서목록(CIP)은 서지정보유통지원시스템 홈페이지(http://seoji.nl.go.kr)와 국가자료공동목록시스템(http://www.nl.go.kr/kolisnet)에서 이용하실 수 있습니다.
(CIP제어번호: CIP2013009995)」